AF252419

NOYERS AU XVIᵉ SIÈCLE

Par Ernest Petit

LES CONDÉ A NOYERS.

Ceci n'a pas la prétention d'être un travail; ce sont de simples notes recueillies à des sources bien diverses, et destinées à éclairer quelques points obscurs de notre histoire, de cette période si dramatique, mais parfois si peu édifiante des guerres civiles, dont la religion était souvent le prétexte, et l'ambition des partis toujours la cause.

Noyers, chef-lieu du comté dans lequel se passent les événements qui ont été l'objet de ces recherches, est encore aujourd'hui l'une des petites villes de France la plus originale et la plus curieuse au point de vue archéologique. Sa ceinture de murailles existe encore; ses maisons de bois, ses porches, ses arcades et ses galeries, malgré quelques modifications peu importantes, rappellent le xviᵉ siècle qui les a vu construire.

De son château féodal, successivement bâti et agrandi par les sires de Noyers qui s'y succédèrent pendant quatre ou cinq siècles, rendu célèbre par un maréchal de France, Mile de Noyers, dixième du nom et l'un des plus grands personnages du xivᵉ siècle, de ce château considérablement embelli plus tard par les ducs de Bourgogne de la seconde race, il ne reste plus rien.

La terre de Noyers était entrée dans le domaine ducal par l'acquisition que Marguerite de Bavière, veuve de Jean-Sans-Peur, avait faite aux derniers descendants de la lignée féodale des Noyers, en 1420; était ensuite passée au domaine de la couronne après la mort de

Charles-le-Téméraire. Louis XI en avait bien donné la jouissance à un de ses favoris, Jean Halwins, qui en bénéficia trois ans seulement jusqu'à l'avénement de Charles VIII, mais à cette époque la réunion au domaine en fut ordonnée.

Le second traité d'Arras, 1482, apporta la seigneurie de Noyers à Marguerite d'Autriche, fille de l'empereur Maximilien et de Marie, la dernière héritière des puissants ducs de Bourgogne, lorsqu'elle fut fiancée avec le Dauphin, qui devait être plus tard roi de France. Mais Charles VIII, parvenu au trône, ne tint pas ses engagements, épousa Anne de Bretagne, et renvoya à son père la jeune Marguerite d'Autriche, qui fut ensuite fiancée à l'infant d'Espagne, fils de Ferdinand et d'Isabelle.

C'est à Marguerite elle-même que l'on attribue l'épitaphe si connue, dans laquelle elle plaisante sur son double mariage, alors que se rendant près de son nouvel époux, le vaisseau qu'elle montait fut assailli par une affreuse tempête :

> Ci gist Margot la gente demoiselle
> Qu'eut deus maris et si morut pucelle.

Cette princesse, célèbre par ses malheurs et la fermeté de son caractère, ainsi que par l'influence qu'elle a exercée sur les événements politiques de son temps, fut remise en possession de Noyers par un article du traité de Senlis (1493), et en rendait foi et hommage quinze années plus tard, déclarant que cette terre lui avait été donnée pour sa vie durant seulement. En effet, Noyers figure encore dans l'énumération des domaines de cette princesse dans un acte que nous possédons, portant la signature autographe de Marguerite et la date de 1530, année de sa mort.

La princesse n'avait sans doute alors qu'un droit purement honorifique et nominal, car le traité de Cambray (1508) avait assuré la terre de Noyers, en remplacement de la terre de Joux en comté, et en vertu de lettres de réprésailles, à Jeanne de Hochberg, fille du marquis de Rothelin et de Marie de Savoie, femme de Louis d'Orléans, duc de Longueville et favori de Louis XII.

François Iᵉʳ, jaloux de la conservation des domaines de la couronne, s'efforça d'y faire rentrer Noyers ; mais la clause du traité de Noyon (1516), concernant cette affaire, n'eut pas d'exécution. Noyers resta donc aux d'Orléans-Longueville jusqu'au mariage de Françoise d'Orléans, fille de François d'Orléans, marquis de Rothelin, et de Jacqueline de Rohan avec Louis de Bourbon, qui l'épousa en secondes noces à Vendôme (8 novembre 1565).

Ce prince, célèbre par sa valeur et par les qualités qui le distinguaient, descendait en ligne directe du roi saint Louis, et fut le premier de sa race qui porta le titre de prince de Condé. Si sa jeunesse avait été un peu dissipée, « s'il avait aymé autant la femme d'autruy que la sienne, « selon le naturel des Bourbons qui ont été d'amoureuse « complexion, » comme le dit Brantôme, la dernière période de sa vie et sa fin malheureuse lui donnent droit à l'indulgence.

Dans ce personnage qui tenait si vaillamment l'épée, et dont la plume nous a laissé de curieuses lettres, on ne reconnaîtrait plus :

« Ce petit homme tant joli,
« Qui toujours danse, chante et rit. »

On ne reconnaît plus l'amant de la belle Isabelle de Limeuil, le chevalier peu délicat qui recevait publiquement d'une autre maîtresse, la maréchale de Saint-André, ce magnifique château de Valery, que son fastueux époux avait décoré et rebâti avec une richesse dont les monuments de l'époque portent tous l'empreinte.

Et après avoir accepté les bienfaits de sa maîtresse, le premier prince du sang passait à de nouvelles conquêtes, et gardait le gage somptueux et quasi royal de celle qu'il abandonnait. Mœurs étranges et indélicatesse que la licence du temps ne saurait absoudre !

Le prince de Condé périt en 1569, et sa veuve lui survécut pendant trente-deux ans, jusqu'en 1601.

Si les princes de Condé ont laissé à Noyers des souvenirs qui ont mis cette petite ville en relief, et lui ont donné une place dans l'histoire générale, il est à croire que les habitants d'alors n'ont pas eu trop à se féliciter d'une gloire qui leur a été si peu profitable, et que l'honneur d'appartenir à une tête princière n'a pas été un dédommagement suffisant aux trente années de guerre, aux siéges, aux famines et aux maux de toutes sortes dont ils ont été victimes.

L'importance du rôle que le château fut appelé à jouer pendant les guerres de religion lui a semblablement porté malheur. Le prince de Condé en avait fait l'une des places fortes les plus redoutables et le centre d'action pour le parti protestant, avant la bataille de Jarnac où il périt.

Plus tard, le farouche Duprat, baron de Vitteaux, après s'en être emparé, en avait fait moins un refuge de guerre qu'un repaire de brigands. Il avait fait périr dans ce château, au dire de témoins, plus de soixante-dix personnes dans l'espace de six mois; tantôt il faisait mourir de faim les prisonniers dans les cachots; tantôt il les faisait précipiter du haut des murailles, et leurs cadavres arrivaient mutilés au pied de la montagne.

Assiégé par les troupes royales, le baron de Vitteaux ne consentit à capituler qu'avec la plus grande résistance, en forçant Henri IV à traiter avec lui sur un pied d'égalité, et se réservant, outre la garde des châteaux de Noyers et de Vitteaux, une somme de vingt mille écus et une compagnie de cent arquebusiers à cheval.

Mais le château porta la peine de la résistance de ses terribles possesseurs, et Henri IV ordonna la destruction de ce redoutable manoir, qui avait laissé dans les populations du voisinage de si sanglantes légendes, et qui ne pouvait plus être désormais qu'un abri pour le pillage et un refuge pour les révoltés.

Nous ne publions pas dans ces notes les documents qui se trouvent ailleurs dans des recueils locaux; soit dans les recherches de M. Léon de Bastard, publiées dans l'ouvrage de M. Challe : *Histoire du Calvinisme et de la Ligue* dans le département de l'Yonne; soit dans le *Bulletin* de la Société; soit dans l'*Annuaire* de l'Yonne.

Nous ne oublions ni les curieux rapports édités dans l'un des précédents ouvrages sur la conduite du baron de Vitteaux, ni les articles de la reddition de la ville de

Noyers à Henri IV, ni les lettres datées de Noyers et reproduites dans l'*Histoire des Princes de Condé*, par M. le duc d'Aumale.

Ces notes, qui parfois se complètent ou se contredisent, sont simplement mises à leur ordre chronologique. Les Archives de l'Yonne nous en ont fourni la moindre partie; les Archives de l'ancienne Bourgogne davantage, et la Bibliothèque nationale, dans les fonds Bethune, de La Mare, Colbert, Fontette, Fontanieu, Moreau, Harlay, apportent les plus intéressantes pièces.

Je dois aussi à un jeune et savant archiviste de nos amis, Paul Guérin, des Archives nationales, divers documents qu'il a bien voulu me donner il y a quelques années, et pour lesquels je le prie de vouloir bien agréer mes sentiments de gratitude.

Je signalerai notamment ces extraits si curieux des registres des Etats de Bourgogne, alors qu'ils avaient transporté leur siége à Semur.

Si je n'ai point mis en œuvre ces matériaux, c'est que j'ai pensé que de nouveaux documents viendraient les compléter plus tard. N'est-il pas d'ailleurs préférable de laisser parler les chroniqueurs de l'époque? Leurs lettres n'ont-elles pas un style particulier que leur ferait perdre l'allure de nos phrases et de nos récits? Quoi de plus intéressant que ce rapport d'un témoin oculaire sur les divers siéges de Noyers (1594-1595), entre la ville et le château, sur ces intrigues entre les habitants et les soldats de la garnison, sur la vaillance de ces dames de Noyers, des bonnes bourgeoises et des dames de *condition*, qui mènent de la terre dans des gabions pour concourir à la défense de la place, sur ces pauvres avocats qui se font naïvement casser bras et jambes, sur ce brave maire de Noyers dont on murmurait, *parce que c'étoit un bonhome qui n'etoit nullement propre à gouverner la ville?* Ce qui prouve qu'à toute époque les administrateurs ne peuvent pretendre aux bonnes grâces de tous leurs administrés.

ERNEST PETIT.

Vausse, 26 septembre 1880.

—

1561, 17 novembre.

Léonor d'Orléans, duc de Longueville, marquis de Rothelin, comte de Dunois, comte seigneur souverain de Neufchâtel et seigneur de Noyers, fait son entrée à Noyers. — (Bibl. nat., ms. fr., 103-109. Gén. Marin.)

François de Rabutin, gentilhomme de la compagnie du duc de Nevers pendant les guerres de Lorraine et de Flandre, fut à son retour gouverneur de Noyers. (Il est auteur des mémoires insérés dans la collection Michaud et Poujoulat, 1re série, t. VII.) Il ne mourut pas avant 1581. — (Papillon, Bibl. des ant. de Bourg. — Voir Legendre, *Jugements sur les Hist. de France* p. 35.)

François de Rabutin, sieur de Lavau et de Forléans, baron de Bussy et d'Epiry, gouverneur de Noyers, veuf de Nicole de Saint-Belin et fils de Christophe de Rabutin, baron de Sully et de Bourbilly, gouverneur de Saumur, et de Claude de Rochebaron, épouse :

Hélie Damas, fille de Léonard Damas, qui avait épousé, en 1554, Claudine d'Orge, baronne de Chalencey.

Hélie était le troisième enfant de Léonard. — (V. Lettre de Rabutin ; Ed. Lalanne. — Lainé, Arch. de la noblesse, gén. Damas, Palais d'honneur, f° 550.)

Noyers, 25 décembre 1562.

Le sieur de Crux, capitaine de Noyers, à G. Tavanes, gouverneur de Bourgogne.

Pour exécuter ce que vous m'ordonnez, je suis dès maintenant prêt à me déloger de ce lieu et m'aller joindre à M. de Vantoux pour savoir ce qu'il doit me dire de votre part. Toutefois je puis vous assurer que c'est à mon grand regret que je quitte Noyers, dans la crainte où je suis que l'ennemi ne s'en empare ; car je tiens pour certain qu'ils ont délibéré se saisir de la place avant qu'il soit peu de jours, pour hiverner ; de plus, il y a beaucoup de ceux de la ville qui sont déterminés à se bien aider à faire entreprise sur icelle. Qu'il vous plaise donc ne pas la laisser sans une garde assurée. Le jour de Noël j'allai à Villiers-les-Haults pour tâcher d'attraper toute la compagnie des huguenots qui sont dans le château, mais je ne pus y parvenir, bien que j'aie fait mon devoir ; j'avais déjà gagné la basse-cour du chasteau, mais je fus contraint m'en retirer étant trop faible. Il faut dire aussi que ceux de Noyers les avaient avertis, et les principaux conducteurs s'en étaient alés. Je me proposais d'y retourner aujourd'hui et de ne pas quitter la place sans avoir recouvré les chevaux et autres objets qu'ils ont pillés. Il y a environ deux lieues d'ici ce château. Je vous prie d'aviser à la garde de Noyers, sans quoi il y a beaucoup à craindre. Si vous le trouvez bon, je retournerai en ce lieu (Villiers ?)

1er P.-S. Je vous supplie de ne pas oublier de nous faire faire montre, « car mes souldatz ne ont pas le sou. »

2e P.-S. Je redoute la prise de ce château de Noyers, et je vous prie de nouveau de vouloir y songer. — (Bibl. nat., Mss. fr., 4631, f° 250.)

1565, 8 novembre.

Mariage du prince de Condé avec Françoise d'Orléans, sœur de Léonor, duc de Longueville ; elle avait 17 ans, son frère 25.

Par le contract de mariage passé dans la ville de Vendôme le huitième jour de novembre 1565..... en presence de la reyne Jeanne de Navarre, le duc de Longueville, frère de la princesse, lui donne les terres et seigneuries de Louans, Saumaise, Mervans, Noyers et Villaines situés au duché de Bourgogne, 6,000 livres de douaire sur Valery, Condé, Anisy, ou la Ferté-sous-Jouarre. — (Hist. généalog. de la Maison de France, par les frères Ste-Marthe, t. II, p. 187-188.)

1565

Pour Françoise d'Orléans. (Voir Baudiau, *Hist. du Morvand*, nouv. éd., t. I, p. 308-309.)

1568

Au sujet de Condé et Coligny à Noyers et de leur départ de cette ville. (Voir H. Martin, t. IX, p. 235-236.)

1568

Enquête faite sur les troubles arrivés dans la ville de Noyers sous le règne de Charles IX ; cette ville a été brûlée, pillée.

« Sont comparus aujourd'hui, 26e jour de novembre 1633, par devant nous, Germain Sotyveau, licencié ès lois, lieutenant général au bailliage de Noyers, George Lemaire, Jehan Roard l'aîné, Claude Truillier, femme de George Grenan, et Guillemette Gauthier, veuve de Nicolas Denion, tous demeurant au dit Noyers, et encore maître Jacques Mignard, procureur au bailliage du dit lieu, ensuite de l'assignation qui leur a été donnée par Edme Martin, sergent en ce dit bailliage, à requeste de maître Jean Leclerc, grenetier au grenier à sel de Semur-en-Auxois, assisté de

Bénigne Sotyveau, son procureur, lesquels, après le serment d'eux pris, de nous dire et rapporter vérité sur ce qui est des requisitions qui nous ont été verbalement faictes par le dit sieur Leclerc qu'eussions à examiner tous les susnommés sy ce n'est pas la verité que pendant les troubles et guerres civiles qui estoient sous le règne de Charles IX, ceste ville de Noyers a esté bruslée, pillée et saccagée ès années 1568, 1569 par les gens de guerre, laquelle fut prise et reprise par trois diverses fois, et tous les meubles, papiers et renseignements tant des habitants du dict lieu que des circonvoisins les y ayant retirés furent brulés et consommés dans le feu, ou emportés au veu que toutes les familles de la ville n'ont pas reconnu leurs dits titres, par le moyen de la dite incendie et pillage, tous les dits Mignard, Roard, Lemaire, Truillier et Gaulthier ont dit, premièrement le dit Mignard être âgé de 73 ans, le dit Roard de 80 ans, ledit Lemaire de 75 ans. la dite Truillier de 88 ans, et la dite Gauthier de 75 ans, étant d'une même voix, dict que en l'année 1568. la ville de Noyers et le chasteau étant tenus par ceux de la religion prétendue réformée desquels feu monseigneur le Prince de Condé était chef, comme seigneur du dit Noyers. lequel ayant eu advis qu'on le voulait assiéger au dit chasteau, fit publier que tous les catholiques eussent à se retirer de la ville, qui aurait été cause qu'un des dits habitants nommé Jehan Humbert fut arrêté sur le chemin et proche de la maladière de ce dit lieu dont adverty le dit sieur Prince commanda qu'il fut pendu, ce qui fut faict le même jour ou nuict suivante. Le dit sieur Prince de Condé s'en alla et laissa garnison au dict chasteau et ville, qui incommodèrent beaucoup le pays, si bien que l'armée du Roy vint assiéger ce dit lieu de Noyers et ayant faict brèche les soldats entrèrent par icelle, d'aultant que les catholiques ne voulaient faire aucune résistance et firent entrer toutes leurs femmes dans l'eglise du dict lieu pour éviter le violement, entre lesquels tous les susnommés ont dict estre souvenant y avoir veu damoiselle Jeanne Escarlatte, ayeule du dit sieur Leclerc, que la plupart de tous les habitants furent pillés et les dits mis en quelques maisons qui furent pillées avec la plupart aussy des dits habitants et leurs meubles et papiers perdus, n'ont veu la maison de la dite Escarlatte particulièrement pillées, croyent qu'elle fut perte comme les autres, d'autant qu'elle fut contrainte de se retirer à cause qu'elle avait trois de ses fils qui estoient de la religion, et que depuis en l'année 60 (1560) la veille Saint-Laurent, la peste estant rude au dict Noyers, ceux de la dite religion reprirent le dict chasteau ou ils firent pis qu'auparavant, et n'y laissèrent aucune personne qu'un tambour, cause que la mesme année l'armée du Roy retourna devant le dit Noyers, qu'elle reprit avec le dict chasteau, y ayant même derechef du canon, et furent les prisonniers du dict chasteau menés à Troies et massacrés par le peuple, et les habitans et la dite ville tous pillés et leurs maisons ruinées et démolies entièrement, ce que les susnommés ont surabondamment affirmé et rapporté véritable devant nous pour l'avoir veu et ouy rapporté à tous ceux du pays, de laquelle déclaration nous avons aux dits sieurs Leclerc le requé-: .t octroyé acte pour luy valoir et servir ce que de raison, et ont les dits Lemaire et Gaultier dict ne savoir signer, et quant à la dicte Trnillier qu'à cause de son âge et du deffaut de sa vue, elle ne pèut plus signer, le dict Mignard et Roard ont signé et ont tous les susnommés déclaré n'estre ny parents ny alliés du dit Leclerc, sinon le dit Mignard, mais que c'est hors le degré de l'ordonnance signé par l'original. » — (Manuscrit de la bibliothèque de Tonnerre.)

1568, juin.

Lettre par laquelle le Roi mande au sieur de Tavannes que le Prince de Condé se plaint que les garnisons qui sont près de Noyers font des courses jusqu'à demye lieue du dit Noyers, ce qu'il n'entend, voulant qu'on y jouisse de l'edit de pacification et qu'il y a eu un espion pris qui vouloit attenter sur la personne dudit Prince, auquel il veut que l'on fasse le procès s'il se trouve coupable, écrivant pour ce subjet au premier président de Dijon de prendre deux ou trois conseillers pour cet effet. — (Notice dans les portef. Fontaniau, 316. Bibl. du Roy, Ms des v° Colbert, vol. XXIV, in-fol., f° 152, Mms orig.)

1168, 11 juin.

Lettre du Prince de Condé au Roi, datée de Noyers.

Il attend les lettres patentes du Roi pour lever les 100,000 écus destinés au payement des reitres. — Mais conformément à l'édit de pacification, cette levée doit être faite sur tous les protestants, sans faire la distinction entre ceux qui ont suivi le Prince et ceux qui sont restés dans leurs maisons.

Il se plaint vivement des persécutions exercées contre les protestants. — (Mms Bibl. nat. 24, v° Colb., f° 153. — Même Lettre à la Reyne, id., f° 154.)

Combaud, qui avait été envoyé au Prince, donnera des explications verbales. — (Publiées par M. le duc d'Aumale, t. 1, p. 351, *Hist. des Princes de Condé.*)

1568, 25 juin.

Lettre du Prince du Condé au Roy, datée de Noyers.

Le cardinal de Chatillon travaille à la formation des commissions nécessaires pour la levée des 100,000 écus — elle doit avoir lieu sur tous les protestants comme il a été convenu à Bonneval. — Il prie le Roy de ne pas réduire sa compagnie de 100 lances ; que quant à celle de son fils, elle sera réduite à 30 lances. — Plaintes au sujet de la non observation de l'édit. — (Bibl. nat., Ms 24, v° Colbert, f° 156. — Même Lettre à la Reyne, id., f° 158.)

29 juin 1568.

Lettre du prince de Condé, datée de Noyers, au roi, se plaignant des menées faites contre lui ; qu'un espion, nommé Jacques de l'Escolle, serviteur du caporal Caguart, de la compagnie du capitaine La Verrière, envoyé de Courson. à huit lieues de Noyers, a confessé avoir charge de reconnaître la ville, la hauteur des murailles et les forces du château. Toutes les garnisons agissent de même envers lui...

« Je ne veulx oublier, sire, à vous demander justice d'un meurtre cruel et inhumain commis depuis trois ou quatre jours en la personne d'un de mes escuyers, nommé Hercule. » — (*Histoire des Princes de Condé*, par M. le duc d'Aumale, t. I, p. 353.)

1568

Le comte de Barbezieux, après le départ de Condé et de Coligny, s'empare de Noyers. — (Davila, Hist. des Guerres civiles, liv. IV, in-fol., p. 249.)

« Le comte de Barbezieux, suivy des troupes de Champagne, voyant le Prince et l'admiral partis de Noyers, s'estoit fait maistre de ceste place. » — (Id.)

Davila ne parle pas de la prise de Noyers par Sansac après la levée du siége de la Charité, p. 281. Le *Recueil des Choses mémorables* ne parle pas de la prise de Noyers, par Barbezieux, en 1568.

1568, 1er juillet.
Lettre du Roy au Prince de Condé.

Il a écrit au sieur de Tavannes au sujet de l'espion qui vouloit attenter à ses jours. Le Parlement de Bourgogne est saisi de l'affaire. — (Min. orig. Bibl. nat., Mss. 24, v° Colbert, f° 159.)

1568, 12 juillet.
Lettre du Prince de Condé à la Reyne, datée de Noyers.

Il s'informe par le sieur de Gerponville des violations fréquentes de l'édit. — (Bibl. nat., Ms 24, v° Colb., f° 163.)

L'amiral Coligny était à Tanlay. — (V. Auxerre, coll. Bastard.)

1568, 18 juillet.

« Je laisse les belles confrairies qui ont été faictes en plusieurs endroits de ce Royaume soubs couleur de la Religion, des fruicts et effects desquels ont (*sic*) peut iuger par vne assemblée faicte le dix huictième de ce dict présent moys de juillet en la ville de Dijon, iusqu'au nombre de deux mil homes en la maison du Roy, ou maistre Iean Bégat conseiller au Parlement du dict Dijon (assisté de deux fils du sieur de Tavanes, lequel ne s'y peust trouver à cause de son indisposition, et des conseillers Fyot, Rémond et Mallerois), fit une longue harangue pour remonstrer aux artisans combien il estoit requis et nécessaire qu'on se préparast, ·t qu'un chascun se montast de bons chevaux de. service et de corps de cuirasse, et ceux de moyen estat, de harquebuses, et de bons moryons, enjoins un tel ennemy voysin (parlant du dict sieur Prince) qui est à Noyers afin d'empescher qu'ils ne fussent surprins par un tas de petis princes bastards et estrangers qui auoient voulu faire la part du Roy, c'est le jargon même du dict conseiller Bégat. » — Brief discours sur les moyens qve tient le cardinal de Lorraine, pour empescher l'establissement de la paix et ramener les troubles en France. — Hist. de nostre temps, par C. Landrin et C. Martel. 1570, p. 79. — Voir dans la Prise d'Auxerre, aux derniers folios, une analyse de ces plaintes du prince de Condé.)

1568, mai-août.

« Quelques temps après (mois de mai) ceux de la religion romaine commencèrent à dresser par les provinces certaines confrairies qu'ils nommaient du Saint Esprit, et faire ligue entre les villes contre ceux de la religion réformée, comme hérétiques et ennemis de la foy catholique desquelles confrairies ils esleurent des chefs et receveurs, et establirent certains consistoires. En quoy ils se disoyent estre autorisez par les plus grands : mesme la plupart encore par leurs gouverneurs. »

« Environ ce même temps Monsieur le Prince de Condé lequel incontinent après la paix conclue s'estoit retiré en aucunes de ses maisons, ayant plusieurs advertissements de la cour mesme, et d'ailleurs de se donner garde et se voyant tous les jours comme environné de nouvelles garnisons, quelque bonnes paroles qu'on lui donnast. tascha souvent de faire entendre au Roy ce qu'il estimait estre faict à son dessen par ses ennemis, qui commandayent lors du tout à leur appétit. Enfin voyant qu'il ne profitoit rien de ce côté, après avoir adverti le Roy de son departement, afin qu'il ne fut prins en mauvaise part : fut contraint se retirer à Noyers, qui est une petite ville en Bourgogne, du patrimoine de sa femme, laquelle il menoit avec soy et ses enfants comme entre ses bras.

En chemin il fut contraint de passer à gué la rivière de Seine, près une maison du sieur d'Esternay, n'ayant l'entrée seure des villes esquelles il y avoit pont sur la rivière. M. l'Amiral n'estoit en moindre peine ayant près de soy et ès environs de sa maison de Chastillon, en laquelle il s'estoit retiré plusieurs garnisons d'Italiens et autres qui l'espioyent de si près qu'il fut souvent en grand danger de sa personne : tellement qu'à la cour mesme par un long temps on le tenait comme pour pris et tué. Enfin il se retira à Tanlay, chasteau appartenant au sieur d'Andelot, son frère ; lequel peu auparavant estoit allé en Bretaigne pour donner ordre au comté de Laval, et autres belles terres de ce pays, qui estoyent echues depuis peu de temps à ses enfans par le trespas et succession de la marquise de Nesle (1), leur tante. »

« Ces partements ne plurent guère à ceux qui furent contraints par iceux de changer plusieurs desseins si longtemps projetez et menez à ce poinct qu'il ne sembloit rien rester que de les executer tout à l'aise. Toutefois pour cela . e perdirent-ils pas courage, mais en dressèrent incontinent d'autres propres pour parvenir à leur intention, qui estoit de se saisir ou deffaire avant toutes choses les principaux seigneurs et capitaines faisant profession de la religion : et ce suivant l'advis du duc d'Albe qui leur avait mandé entr'autres conseils que mieux vault la teste d'un saumon que de cinquante grenouilles, qui estoit aussi là cause pour laquelle le cardinal de Lorraine ne se contentoit point de tous ces massacres qui se faisoyent ès villes du même peuple : tellement qu'aucuns de Troyes estans envoyez par devers luy pour l'advertir du meurtre d'environ vingt ou trente personnes de tout sexe et de tout aage tuez par le peuple de leur ville, il leur dit comme en se faschant qu'ils n'estoyent pas sages, et qu'ils gastoyent tout. A ceste fin fut incontinent depesché en poste le sieur de Martigues pour surprendre le dit d'Andelot en Bretagne. On envoya aussi quelques espions à Noyers pour mesurer la hauteur des murailles et voir le moyen d'y surprendre monsieur le Prince, et par mesme moyen le dit sieur Amiral qui l'y visitoit quelquefois à cause du voisinage des lieux. Cependant pour l'amuser, et encore pour affaiblir toujours davantage ceux de la Religion, et les desnuer de tous moyens, on luy envoya quelques gentilhommes au nom du Roy pour solliciter de satisfaire aussi de la part des dits de la Religion, au reste du payement des estrangers. Sur quoy le dit sieur Prince faisant réponse, print encor occasion de réitérer au Roy ses plainctes, et le prier d'y donner ordre. Et a ceste fin depescha le sieur de Theligny gentilhomme bien prudent et advisé, avec l'instruction qui s'ensuit :

(1) D'Andelot avait épousé Claude de Rieux, dame de Laval et de Montfort, qui possédait de vastes domaines en Bretagne. (Note Bastard.)

« Il remonstrera pareillement les violences et outrages que commettait journellement les garnisons establies par les villes à l'encontre de ceux de la Religion : comme à Auxerre, ainsi qu'il se peut voir par un mémoire que le dit seigneur Prince a baillé au dit sieur de Téligny : et ce qui est encore pis, qu'on a mis en beaucoup de lieux de gens partiaux et factieux qui ont haines particulières à l'encontre d'aucuns de ceux de la Religion, afin de leur donner plus de moyen de se venger des dites inimitiez privées.... près de la maison de monsieur d'Esternay, Foissy, lequel non content de luy avoir bruslé toutes ses maisons est bien encore si audacieux de le menacer qu'il luy coupperoit la gorge. »

« ... Que depuis peu de temps aussi le dit seigneur Prince a fait prendre un espion qu'il détient encore prisonnier, qui a confessé et déposé avoir esté envoyé par un nommé Coqueret, enseigne de la compagnie du capitaine La Verrière pour recognoitre la hauteur des murailles de la ville de Noyers, où est maintenant le seigneur Prince et sa compagnie afin d'entreprendre contre luy . » — (Mém. de la 3e guerre civile. 1571.)

1568, 23 août.
Départ du Prince de Condé.

« Le Prince et l'Admiral ayans essayé d'amollir la volonté du Roy par l'envoi et négociations de Telligny, et puis de la marquise de Rhotelin, comme aussi par l'intercession de la duchesse de Savoye, faillirent à mettre trop de droict de leur costé : car déjà s'avancoit Tavannes pour mettre en besongne les compagnies préparées et avayent esté surpris quelques soldats recognoissans la fosse de Noyers. Quelques négociateurs feignans traicter du payement des Reistres, s'estoyent descouverts, en pensant descouvrir l'Estat du Prince, et plus certainement que tout cela les advis des confidens de la cour ne donnoyent plus de terme, quand l'Admiral retiré à Tanlay résolut avec le prince le partement de l'un et de l'autre, ayant premièrement escrit au Roi une longue lettre.... En achevant de signer, le Prince part de Noyers avec la Princesse enceinte, ses enfants en maillot et en berceau, appartenans au Prince et à l'Admiral : la dame d'Andelot y en apporta un de deux ans : plusieurs dames et damoiselles se joignirent en pareil équipage : tout cela gardé de quatre vingts gens d'armes à la haste et d'autant d'arquebusiers à cheval, vint passer Loire au port Sainct Thibaut près Sancerre et envoya passer les enfants à Boni... — (D'Aubigné, *Hist. univ.*, liv. V, chap. I.)

(Extrait d'une lettre de Tavanes au roi, datée de Dijon, 8 août
1568.)

Fortifications de Noyers par le prince de Condé.

...Devant que le dict sieur Prince (de Condé) arrivast en ce
pays, l'on avoit commencé à besoigner à son chasteau de Noyers,
et depuis qu'il est venu, il y a faict besoigner à puissance, et faict
venir gens des villages de là alentour, le tout soulz umbre des
menuz emparementz et curées de foussez, dont les gentilhommes
ont droict en ce pays. Le chasteau commande à la ville d'un
cousté et est fort eslevé, et n'y a qu'ne teste devers les champs,
où il a faict faire un grand foussé à fondz de cuve, revestu de muraille. C'est au lieu mesme où estoyt le vieulx foussé ; mais la
terre a esté portée dedans, qui peut servir de rempart et de platte
forme. L'on ne peut descouvrir ce qu'ilz font, sinon par les paysans,
à cause de la bonne garde qui s'i faict. A la fin ce chasteau là se
pourra faire bon, d'aultant qu'il est fort grand. Ilz font porter force
vivres des villages aux environs au dict Noyers. Il y a aussi à
Chasteau-Girard et Montreal, à deux lieues dudict Noyers un capitaine nommé La Platiere, bastard de le maison de feu monsieur de
Bourdillon qui est huguenot. Il ne laisse entrer avec les armes
que ceulx de sa religion... En ce lieux là et en plusieurs aultres
qui sont aux gentilhommes là aux environs, se peuvent mettre de
grandes forces, sans que l'on s'en aperçoyve. Il arriva vers le dict
sieur Prince, il y a environ six ou sept jours quatre vingtz hommes
de pied, oultre ceulx qu'il avoit jà, qui pouvoient estre six ou sept
vingtz. Il n'a plus tant de gens de cheval qu'il avoit, mesmes depuis le partement de monsieur l'admiral qui est allé à Tanlay... —
(Bibl. nat., ms fr. 15547, f° 313 v°.)

15 août 1568.
Avertissement adressé de Noyers à Gaspard de Tavanes
par un de ses agents.

Madame la marquise arrive à Noyers et est logée chez le recep-
veur Hubert.

Madame la princesse logée chez François Berthier qui pour les
vexations qu'on lui a faictes est delogé de Noyers et est allé à
Chaumont en Bassigny, mais on ne luy a voulu permectre de
transporter aucuns meubles.

L'on attendait M. de Longueville et estoit son logis pris chieu
le prevost.

M. le Prince contraint les habituns de Noyers aller de nuict à la
garde, tant sur les murailles qu'au corps de garde, et touteffois de
jour les contraint faire la curée de ses fossez par corvées, sans

paier leur despence, et contraint semblablement les villageois d'alentour sans leur rien paier, sinon quatre blans pour journée en despence.

. . . .

On ne permect aux habitans de parler quatre par ensemble ; et quant l'on les voit parler, les soldars les chassent à coups de baston, disans : « Soubz le lict, matin. »

Il y a en la ville quatre cens soldars, et pour leur solde l'on contraint les habitants paier sept cens livres par moys, et ont esté gectez quatorze cens livres pour deux moys, que sont jà levez. Et ce nonobstant, les dicts soldars vivent à discretion, et ont la clef des maisons caves et greniers de leurs hostes. L'on a gecté pareille somme sur les villages.

On ne chante aucune messe en la ville et quant les habitans vont à la messe dehors, à une lieue ou deux, s'il est sceu, ilz ont cent coups de baston.

Le procureur Marin aiant charge des catoliques s'est gecté à genoux devant M. le prince pour avoir permission de faire chanter messe aux faulx bourgs, mais il ne l'a sceu obtenir.

Ont demoly l'eglise des faulx bourgs et porte l'on le bois en la ville pour le chasteau et le plomb du clochié a jà esté distraict.

Ilz ont porté deux pièces de fonte, que de tout temps estoient à la ville, au chasteau, et tirent gros comme le poing.

L'on tient que il doibt party en brief avec grandes compaignies qui le doibvent aller prandre et le conduire devers la Rochelle ; cela vient d'un de la maison. D'aultres qui sont de ses couleurs dient que c'est pour aller au devant de quelques trouppes estrangières qui doibvent descendre du cousté de Ferrette et du Conté ; et quoy que soyt feront leurs saillies en brief. — (Bibl. nat. B. N. Ms fr. 15547, fº 290.)

Noyers.

Lettres de Tavanes au roi, des 4, 11, 23 et 25 septembre 1568. — (Propositions pour la prise de Noyers et travaux de fortifications.) — (Bibl. nat., Ms fr. 15548, fº 14, 37, 73, 83.)

3 octobre 1568.

Lettre de Barbezieux au roi, pour lui rendre compte de la prise de Noyers. — (Bibl. nat., Ms 15548, fº 12.)

1568, août.

« ....La Royne, assistée des cardinal de Lorraine et chancelier de Biragve (le chancelier n'était pas alors M. de Birague ; c'était le président Morvilliers qui avoit les sceaux, rendus peu auparavant par l'Hospital), résout au mois d'aoust d'executer le sujet pour lequel elle avoit fait la paix. Après avoir essayé en vain de mettre garnison à la Rochelle, tient les troupes armées sous divers prétextes, envoye Govthery, secrétaire de M. de Biragve au sieur de Tavannes, avec commandement d'investir le prince de Condé dans Noyers, où ils s'estoient retiréz n'ayant osé approcher de la covr. Le sieur de Tavannes, considérant ce commandement respond à Govthery que ceste créance estoit trop grande povr luy, et que Sa Majesté luy envoyast un capitaine, à quoy obtempérant, la Royne luy mande le sieur de Pasquier, avec mesme proposition. »

« Il respond que la Royne estoit conseillée plus de passion que de raison, et qve l'entreprise estoit dangereuse, proposée par gens passionnéz et inexperts, que luy n'estoit propre pour telles surprises ; qve s'il plaisoit à Sa Magesté de déclarer la guerre ouverte, qu'il feroit cognoitre comme il scavoit servir ; que quand il voudroit executer ce commandement, que MM. de Condé et Admiral ayans de bons chevaux se pourroient sauver, et luy demeurer en croupe, avec le blasme d'avoir rompu la paix, luy restant ces princes et ce party pour mortels ennemis. »

« Cognoissant qu'il en serait pressé davantage et qu'il y avoit des forces sur pied à cest effect, que les Regiments qui n'estoient entrés à la Rochelle rebrovssoient du long de Loire, conclud donner alarme au prince de Condé pour le sortir de son gouvernement, où il ne vouloit qu'un autre que luy fust employé, et ne jugeoit devoir faire ceste entreprise. Il fait passer des messagers proche Noyers avec lettres qui contenoient : « Le cerf est aux « toiles, la chasse est préparée. » Les porteurs des lettres sont arrêtés comme il desiroit, par le prince de Condé, qui fortifié d'autres advis qu'il avoit, part soudain en alarmes avec toute sa famille, et passe Loire près de Sancerre. » — (Mémoires de Gaspard de Saulx-Tavannes).

1568, août.

Le prince de Condé à Noyers ; Téligny envoyé au Roi ; espions envoyés à Noyers et découverts. — (De Thou, liv. XLIV, t. V, 519-520.)

23 août 1568, Lettre du Prince, p. 523 ; son départ de Noyers, p. 526 ; voir Maligny de M. de Bastard ; Voupillières, agent de la Reyne de Navarre à Noyers. — (Hist. de nostre temps, par C. Landrin et C. Martel, p. 206-1570.)

1568, voir 21 août.

Parmi les sujets de plainte qu'avaient les huguenots, d'Aubigné dit :

« Le Prince de Condé voyoit le regiment de l'aisné Goas, partie de celui de Piémont et quatorze compagnies de gens d'armes couler vers Nohiers et Chatillon. » — (D'Aubigné, *Hist. univ.*, liv. V, ch. I.)

1568, 21 août.

La marquise de Rothelin quitte Noyers pour se rendre à la cour.

« Après le retour du sieur de Théligny et du chevalier Senrre que le Roy avoit depesché vers le seigneur Prince avec la charge avec laquelle se pourra assez entendre par la requeste qui sera inserée ci-après, le dit seigneur Prince fut adverti de plusieurs endroits que le capitaine Gobas avoit esté depesché avec son regiment de dix compagnies de gens de pied, quatre compagnies du régiment du comte de Brissac et quatorze compagnies de gendarmes choisies pour s'acheminer ès environs de Noyers, qu'on faisoit aussi rebrousser chemin aux compagnies de gens de pied conduites par le capitaine La Barthe, mareschal du camp du régiment du comte de Brissac, qu'on avoit quelque temps auparavant fait mettre en campague du costé de la Rochelle sous prétexte de la forcer à recevoir garnison, et qu'on leur faisoit prendre la routte de la Bourgogne : qu'on disoit assez publiquement que les Huguenots n'avoyent plus qu'un mois au ventre, mesmes que plusieurs soldats passant auprès de Noyers se vantoyent tout haut qu'ils estoyent mandez vers le sieur de Tavannes povr assiéger le dit seigneur Prince et Amiral, qui fut cause que le dit seigneur Prince de Condé pria la marquise de Rothelin, sa belle mère, d'aller en cour, afin de représenter au Roy toutes ces choses, et le supplier qu'il luy pleust ne permettre que l'honneur de sa foy et parole solemnellement et publiquement jurée en son edict et depuis particulierement donnée par plusieurs despeschas au dit seigneur Prince, fust ainsi violée. Voire d'autant plus outrageusement que toutes ces entreprises se faisoyent sous le nom de sa majesté et non d'autre : combien que le dit seigneur Prince eust une persuasion très certaine qu'elles estoyent contre son vouloir et intention. Comme ceste dame départit à ces fins de Noyers le samedy xxi d'Aoust, le dit seigneur Prince eut plusieurs autres advertissemens, que toutes les dites entreprises estoyent si certaines et véritables qu'il n'y avoit occasion d'en douter : et l'execution si preste qu'il ne la pouvoit eviter que par un soudain departement, lequel mesmes ne pouvoit estre que très dangereux, tant pour les garnisons qui estoyent jà autour de Noyers que pour la saisie des ponts et passages et longueur du chemin de la retraite qu'il luy convenoit choisir pour sa seureté. D'autant mesmes que les compagnies qu'on avoit fait rebrousser chemin de devers la Rochelle, se hastoyent fort et faisoyent grandes traictes. Ce qui fit prendre résolution au seigneur Prince de partir de Noyers pour eviter ces entreprises,

Mais auparavaut il depescha un sien secretaire vers le Roy avec charge expresse de l'advertir de son départ et des occasions d'iceluy forcées et nécessaires, aussi des intentions qu'il y avoit. »

(Sa lettre est datée de Noyers, 23 août 1568. A la lettre étaient jointes des remontrances.) — (Mém. de la troisième guerre civile, p. 74-77.)

1568, 22 août.

Lettre par laquelle le Prince de Condé mande au Roy qu'il ne peut pourveoir au recouvrement des deniers de ceux de la religion, s'il n'a les contraintes nécessaires pour la cotisation des ditz deniers, que l'assassinat de Damauray et de ceux de la religion à Meaux et en Auvergne faict veoir le peu de compte qu'on fait des commandemens de S. Majesté, et lui fait penser qu'on en veut faire autant sur sa personne, attendant d'heure en heure d'estre assiégé dans Noyers, recevant tous les jours des injures et indignités. — (Notice portef. Fontanieu, 316. — Bibl. du Roy, Ms. v° Colbert, vol. 24, f° 178. — Publ. par M. le duc d'Aumale, t. I, p. 357.)

1568, 22 août.

Lettre de l'amiral de Coligny à la reine, datée de Noyers. — Accusé de réception de la lettre du 7 de ce mois. — Meurtre du sieur d'Amanzé. — (Bibl. imp., Ms. fr. 10336, f° 28 v° 30 v°.)

23 août 1568.
Départ du prince de Condé.

« Le jour mesmes le seigneur Prince partit de Noyers, accompagné de madame la princesse sa femme, lors enceinte, les Princes et Princesses ses enfants jusques aux plus petits qui estoyent encor en la mammelle et au berceau, et avec luy ledit sieur Admiral conduisant madame d'Andelot sa belle-sœur, la Damoiselle de Chastillon sa fille, le jeune fils du dit sieur d'Andelot qui estoit pareillement à la mammelle et au berceau et print en passant ses enfants et filles, les anciens aagez de trois à quatre ans. »

« Le train accompagné d'une partie de gentilshommes et serviteurs domestiques (montant au nombre d'environ cent cinquante chevaux).... (Mém. de la troisième guerre civile, III, p. 148-149.)

1568, 23 août.

Lettres et requêtes envoyées au Roy, par mons. le Prince de Condé, contenant les causes et raisons de son départ de Noyers (du 23 août 1568). — (Préface, Hist. de nostre temps, C. Landrin et C. Martel, 1570, p. 88-100, n° 18033 du P. Lelong.)

Lettres du 23 août 1568 du Prince de Condé, p. 100-105. — (Mém. de la troisième guerre civile, p. 77-83.)

Autre lettre id., p. 106-156. — (Mém. de la 3e guerre civile, p. 84-148.)

1568, 23 août.

« La paix réitérée (1568) lorsque les ennemis avoient assiégé la ville de Chartres, ne dura que six mois. M. le Prince de Condé, s'estant allarmé de quelques associations qui se faisoient par les catholiques en Bourgongne pour se conserver, et des compagnies de gens de pied, que conduisoient de Mets en Piedmont le sieur de la Verrière, présumant qu'il y eust entreprise contre sa personne et celle des autres chefs de son party, s'en alla de sa maison de Noyers en Bourgogne a la Rochelle, suivy de plusieurs d'eux, et, outre autres, de messieurs l'Admiral de Chastillon et d'Andelot frères. » — Mém. de Guillaume de Saulx-Tavannes, Ed. Michaud et Poujoulat, VIII, 447.)

1568, 23 août.

Mémoire du prince de Condé au Roi, signé, daté de Noyers le 23 août 1568. 22 gr. pages pl. in-fol. d'une belle écriture. — (Sur les Affaires polit. et relig. du temps. Justification de sa conduite ainsi que de celle de son parti au sujet des accusations dont ils sont méchammeut, faussement et calomnieusement chargés à l'occasion des troubles qui agitent le royaume. Document d'un très-grand intérêt pour l'hist. de la maison de Condé. Vendu dans une collection d'autographes provenant de plusieurs cabinets, le 21 janvier 1856, rue des Bons-Enfants, salle Sylvestre, par Me Lenormand de Villeneuve, commissaire priseur, rue de l'Echiquier, 8. — Doit faire partie de la collection de M. le duc d'Aumale.)

1568, 25 août.

Le départ du prince de Condé eut lieu le 25 août, l'Amiral était venu le trouver avec 40 ou 50 chevaux. Le cardinal de Chatellon partit pour l'Angleterre. — (Mém. de Castelnau, liv. VII, ch. I.)

Tavannes aurait facilité la fuite.—(Add. aux Mém. de Castelnau, éd. Le Laboureur, II, p. 575. Liv. VII, ch. I.)

Le prince de Condé arriva le 18 septembre à La Rochelle. — (Castelnau, Michaud et Poujoulat, IX, 531.)

1568, 4 septembre.

Min. orig. sans date de Tavannes.

Il a envoyé au pays d'Auxois, là où est Noyers et les terres du Prince de Condé, Tanlay, M. de Missery, lieutenant de la compa-

gnie de Barbezieux. — Missery mande que l'on travaille aux réparations de Noyers. — Il y aura quelque difficulté à remettre cette
place en l'obéissance du Roy. — (Bibl. nat., Ms. fr. 9484, f° 38.)

1568. 4 septembre.

Min. orig. non datée de Tavannes.

« Sire ceux de la devotion dudit Prince font courir ung bruit
qu'il a promys estre de retour dans ung moys. — (Bibl. nat., Ms.
fr. 9484, f° 40.)

« Sire despuis le partement de monsieur le Prince de Condé
« plusieurs tant de chevaulx que de pied qui arrivent trop tard
« pour aller avecg luy :... reviennent. » — (Id., f° 14. — L'expé-
dition de ces deux dépêches se trouvent dans le Ms. S. Germ.,
Harlay, 320, f° 14.)

1568, 4 septembre, de Dijon.

Lettre de Gaspard de Tavannes, datée de Dijon, au Roi.

« Le maréchal de Tavannes mande au Roy que 3 ou 400 hommes
de guerre du prince de Condé s'assemblent à Précy-le-Sec, qu'on
parle de diverses intelligences avec les Anglois, Allemands et
Suisses, que plusieurs de la religion se retirent à Genève et Mont-
béliard et d'autres reviennent à l'ancienne religion, que le sieur de
Misery commande dans le bailliage de l'Auxois en son absence,
qu'on fortifie Noyers duquel le Roy devroit se rendre maître, qu'il
est est nécessaire que le sieur de La Guiche vienne résider à
Mascon, » (f° 14) « ...à une petite ville du gouvernement de Champagne nommée Précy-le-Sec, c'est sur le chemin d'Entrain.... »

« Ceux qui sont à la dévotion du dit sieur Prince font courir ung
bruit qu'il a promis estre de retour dans ung moys.... »

« Sire je vous ay escrip par les dernières depesches que j'avays
donné au pays d'Auxois là ou est Noyers et les terres de mon dit
sieur le Prince, aussi que c'est le lieu (f° 14 v°) où il y a le plus
d'Huguenots, estant près de Tanlay, M. de Misery qui est de ce
pays là. » Il est lieutenant de la compagnie de Barbezieux. —
(Ms. S. Germ. Harlay, 320, f° 14.)

1568, 11 septembre.

Lettre de Tavannes de Dijon au Roi.

Il fera partir de suite la gendarmerie qui doit se trouver à Orléans le 20. — La plupart des gentilhommes n'ont suivi le Prince de
Condé que jusqu'à la Loire. — Ordre a été donné de leur courir sus.
— Ceulx de Noyers besoignent toujours à leur chasteau et toutesfois il n'y a pas plus de cent cinquante hommes dedans. Il seroit

facille à les prendre qui les assauldra de bonne heure. C'est ung passage pour les Allemantz si d'advanture il en vient ou bien une retraicte pour le dit sieur Prince aussi ung passage pour chacun de leur religion. Il semble sauf toutesfois votre advis que monsieur de Barbezieux avec l'artillerie qu'il a à Troyes et les sieurs de Vantoux et de Prie feroient bien ceste execution lequel sieur de Vantoux je laisse icy pour commander en mon absence.

Il y a 6 jours un gentilhomme nommé Cormaillon a passé par Noyers « homme de menée qui est celuy qui faisoit semblant de vouloir achapter la terre de Montfort du prince d'Orange ; il portait une malle en croupes et servait de valet à un autre, il venait d'Allemagne, il a dit que le duc Casimir s'engageoit à servir pour le prince de Condé pendant six mois sans argent pourvu que la Reyne d'Angleterre repondit de 200.000 écus. — (Ms. S. Germ. 320, H; pièce 37.)

1568, vers le mois d'octobre.

« ....Le sieur de Barbesieux publie qu'il a charge expresse de sa dicte Majesté de piller et saccager sept maisons; scavoir est, celles de Tanlay, qui est à monsieur d'Andelot, Noyers qui est à madame la Princesse de Condé, Malligny qui est au seigneur de Beaunais La Noile, Chastillon et Chasteau-Regnard qui sont à M. l'Admiral, Valery qui est à M. le Prince de Condé, et celle d'Esnon : et qu'il a desia commencé au dict lieu de Tanlay, où il a vollé et pillé des meubles iusques à la valeur de cent mil escuz et qu'il est après à forcer le chasteau du dict lieu de Noyers pour en faire de mesmes. » — (Sommaire discours sur la Rupture et Infraction de la paix... Hist. de nostre temps. 1570, p. 312.)

1568, novembre.
Prise de Noyers par Barbezieux.

« Nucetum Burgundiæ oppidum, unde profectum fuisse Condœum supra dicebamus, tenebatur tamen aliquo præsidio, Condœi nomine. In hoc tamen tempus (*sic*) a Barbeziæo opugnatur atque expugnatur oppidum : præsidariis sese viriliter defensentibus arx, et deditur ad istas conditiones, uti miles incolimus avaveret, et supellex quæ in arce esset Condœi, in commentarium redigeretur, et pro ea sponderet Barbeziæus. Hæ conditiones nullo modo servatæ. Patefacta porta in obvios truculenter sævitum, pauci dispoliati evaseruut. Supellex deprædata ; reliquiæ Trecas abductæ... » — (Partis comment. de stat. reipubl. Lib. VII, p. 245-246.)

1568, 10 novembre, à Orléans.

« Le dit jour Sa Majesté a advis de la prise de Noyers faicte le

11ᵐᵉ du présent par M. de Barbezieux par composition, et y avoit deux cens soldatz dedans qui ont promis de vivre catholiquement, comme bons et fidelles subjetz doibvent faire. » — (Bibl. nat., Ms. S. Germ. Harlay, 321.)

1568, 22 novembre.

« Le mesme jour fut faite la composition du chasteau de Noyers, dedans lequel estoit la pluspart des meubles de monsieur le Prince de Condé, qui à son partement en avait laissé la garde au capitaine Noquier : lequel après avoir enduré le siége par quelques jours, voyant grande bresche faite un costé de la chapelle, rendit la place, à condition de sortir vies et bagues sauves, et que le sieur de Barbezieux, chef en ce siége pour les catholiques, se chargeroit par inventaire des meubles appartenans au dit seigneur Prince. Ce que toutefois ne fut gardé. Mais furent tous ceux du dedans devalisez et plusieurs tuez. Ce qui resta des dicts meubles, fut envoyés à Troyes. La ville avoit esté rendue dès le xxx du mois precedent (30 octobre) et pillée par les catholiques avec meurtres et violement incroyables, nonobstant les promesses par eux faites aux assiégèz. — (Mém. de la troisième guerre civile et des derniers troubles de France. 1571, 264.)

1568, novembre.

Siége par le comte de La Rochefoucault. — Prise. — Capitulation.
— Elle n'est pas exécutée.

« Ce fut dans le même temps que Noyers, petite ville de Bourgogne, d'où le Prince de Condé s'était sauvé avec Coligny, fut assiégé par Charles de Larochefoucault, comte de Barbezieux, gouverneur de Champagne. La garnison qui était faible, se défendit longtemps avec beaucoup de courage ; enfin elle se rendit à ces conditions : qu'on laisseroit aller le soldats sans leur faire aucun mal, et qu'on feroit un inventaire des meubles magnifiques que le Prince de Condé avait dans le chateau, et que Barbezieux s'en rendroit garant. Mais les portes ne furent pas plutot ouvertes, que sans égard pour la capitulation, les soldats de Barbezieux insultèrent et maltraitèrent cruellement ceux de la garnison. Il y en eut un petit nombre qui après avoir été dépouillez, se sauvèrent ; le reste fut emmené à Troyes. On crut que Barbezieux en avait usé ainsi pour pouvoir s'excuser du pillage des meubles du Prince, dont il avoit grande envie de s'emparer. » — (De Thou, liv. XLIV, t. V, p. 556.)

1568, 26 novembre, de Troyes.
Lettre de Barbezieux au Roi.

Par sa dernière depèche, il a informé le Roi du retardement de la réduction de Chateaurenard — il n'a pu rallier M. d'Aumale — il a établi une garnison de 200 hommes à Chateaurenard. Une partie de ceux qui ont abandonné le dit Chateaurenard se sont retirez à Chaumot ; il va les déloger « de sorte que voz pais de Champaigne « et de Bourgongne demeureront netoyez de ceste vermine. »

Il est arrivé hier à Troyes. Les habitants de Chalon l'ont informé que le Prince d'Orange et le sieur de Genlis s'acheminaient de leur coté — envoi d'une compagnie à Chalons. — Le sieur Despaux n'y a pas laissé de troupes. — Les soldats ne sont pas payés, ils se débandent : « mes forces sont fort diminuées à cause que les soldats n'estants point payez se desbandent journellement, les gentilhommes de ma compagnie et de celle du sieur de Listenoys qui se commencent de retirer, ayant sceu que voz autres compagnies de gendarmerye sont esté payées, bien que se face tout ce qu'il m'est possible de les retenir. Tout ce dessus, Sire, a esté cause que je n'ay sceu vacquer à faire l'inventaire des meubles de Noyers estimant que votre service deust estre preferé à inventorier les dits meubles qui ne sont d'une dixième partie de si grande valleur qu'on les faict, je pense que votre Majesté aura cependant telle assurance de moy qu'en rendray bon compte chose qui me semble de bien petit maniement, au prix des autres emploits ou j'ay hazardé ma propre vie... » — Demande de récompense. — (Ms. S. Germ. Harlay, 320, f° 155.)

1569, 31 juillet.

Lettres patentes du roi qui reconnaissent que les habitants de Tonnerre ont fourni des vivres et des munitions à nostre camp et armée au siége de Noyers. — (Lemaistre, *Ann. de l'Yonne.*)

1569, 11 juillet.

Acte d'assemblée de la ville de Tonnerre : Barbezieux doit diriger le siége de Noyers. — Les mém. inéd. de Cerveau en confient les opérations à Arthur de Cossé ; il lui est adjoint M. Prévost de Sansac, chargé du siége de Vézelay. — (Lemaistre, *Ann. de l'Yonne.*)

1569, 23 août.

« Et pour le regard du capitaine de Noyers que vous avez prisonnier, ce sera bien fait de le garder et d'aviser s'il y a eu de sa faute en la reddition du dit Noyers. » — (Lettres de Charles IX aux habitants d'Auxerre.)

De Tours, 23 août 1569.

(Prise d'Auxerre. Suppl. des PP. J., p. 4.)

1569.

Noyers qui tenait pour les princes et était gardée par une forte garnison capitule avec M. de Sansac qui commandait les troupes du roi. — Les articles de la capitulation furent violés, une partie de la garnison fut menée à Troyes, l'autre massacrée par la populace.

M. de Sansac assiegea ensuite Vezelay, dont il fut repoussé ; un protestant nommé Tarol qui y commandait fit merveille. — (Bibl. imp., ms fr. 9873. — Voir Vézelay, 6 oct.-16 déc., coll. Bastard, Bibl. d'Auxerre.)

1569, août.

« La surprise du chateau de Noyers qui arriva presque dans le même temps (qui est celle du chateau de Regennes, 3 aout, par le capitaine Blosset) déconcerta toutes les mesures (la reprise de Regennes). M. de Damas de Saint-Riran y avoit laissé le second jour du mois 25 soldats et le maire du lieu s'en était chargé, mais la perte s'etant mis parmi eux, il ne voulut pas s'y tenir et même tout le monde abandonna la ville pour la même raison. — (Lebeuf, Hist. de la prise d'Auxerre, p. 185.)

1569.

On voit au musée de Cluny, à Paris, et sous le n° 3247-47, des tapisseries de Flandre representant la mort du prince de Condé à la bataille de Jarnac, avec un certain nombre de vers à sa louange.

Ces curieuses tapisseries étaient conservées à Toulouse, et les legendes rimées qui s'y trouvent méritent d'être citées. — (Voyez Musée de Cluny, p. 380-381, *Livret.*)

1569, 23 août.

M. de Prie écrit au gouverneur d'Auxerre qu'il avait ouï dire au Roi que « si celui qui avait rendu ce chasteau (de Regennes) aux huguenots etoit auprès de lui, il ne manqueroit pas de lui faire faire un mauvais tour, comme à celui qui étoit cause de la prise de Noyers. »

23 août. — Lettre de Charles IX aux habitants d'Auxerre datée de Tours : Il leur ordonne de tenir enfermé le capitaine de Noyers, de faire une enquête sur la prise du chateau et de le punir s'il est reconnu coupable.

Ce capitaine se nommait Edme Le Breton sieur de Donjon (Reg.

de la ville d'Auxerre, 26 octobre 1569). Il avait été arrêté par le capitaine et le lieutenant de Cravan; le lieutenant du gouverneur d'Auxerre l'avait fait mettre en prison. — (Hist. de la prise d'Auxerre, p. 188-189.)

1569, juin-octobre.

Siége de Noyers. — (V. l'article de M. Le Maistre, *Ann. de l'Yonne.*)

1569.

Selon M. Le Maistre, en 1569, Noyers assiégé par Sansac était défendu par Guillaume de Drouas, le ligueur, qui était en outre gouverneur de Vitteaux. — Il y a confusion avec le siége de Noyers du temps de la Ligue. Le commandement de 600 hommes lui aurait été donné par Guillaume Duprat, baron de Vitteaux. Le capitaine Lyonnais (c'est Villeferry) fut adjoint pour la défense. — (M. Le Maistre avait puisé ces documents dans Courtépée.)

1569, 27 septembre, 7 octobre.

Sansac était à Troyes le 4 septembre, il passa à Chatillon-sur-Seine et veut assiéger Noyers. (Lebeuf, Hist. de la prise, p. 191, mentionne en note deux lettres de Sansac des 27 septembre et 7 octobre, et y ajoute qu'au siége de cette ville Claude de Boullant fut tué « quoique son epitaphe qu'on lisoit autrefois aux corde-« liers d'Auxerre marquat cet evenement à l'an 1568.) »

« La ville de Noyers fut prise sans grande résistance. Après « cette conquête, Sansac vint camper auprès de Vezelay. » — (Lebeuf, Prise, p. 191)

1569, octobre.

(Avant le siége de Vézelay qui commença le 6 octobre.)

« Encores qu'après le siége de la Charité le sieur de Sansac eut esté mandé d'aller en Touraine, pour joindre ses forces au camp de Monsieur, comme il a esté dict cy dessus, neantmoins (soit qu'il eust autre mandement, ou pour autres occasions) il ne bougea de la auprès : ains en ce mois d'octobre, vint assiéger la ville de Noyers en Bourgogne, laquelle sans grande résistance fut par luy prinse par composition. Nonobstant laquelle les soldats qui la défendoyent, furent demenez à Troyes en Champagne ou estans arrivez, avant qu'entrer en prison furent jusques au nombre d'environ 60 massacrez par le peuple. » — (Mém. de la troisième guerre civile, III, 449-50. — Recueil des ch. mém., 385, même récit. — La Vraye et entiere Hist. des troubles, liv. X, p. 342, même récit.)

1569, octobre,

Prise de Noyers par Sansac après la levée du siége de la Charité et la bataille de Montcontour.

La capitulation de Noyers n'est pas observée; la garnison conduite à Troyes y est massacrée. — (De Thou, v. 646, même récit. — D'Aubigny, liv. V, ch. xx, même récit.)

De Thou, v. 646-647, dit :

« Aprés que les troupes du roi eurent levé le siége de la Charité,
« Sansac resta dans le pays pour tenir les peuples dans le devoir,
« mais dès qu'il eut appris la victoire de Montcontour, il crut
« qu'il fallait profiter de l'occasion pour faire des conquetes dans
« la Bourgogne et dans le Nivernais. Pour cela il assembla une
« nouvelle armée composée de huit compagnies de cavalerie et
« de 32 enseignes de gens de pié, commandez par Edouard de
« Foissy, et ayant pris quatre grosses pièces de canon et deux
« couleuvrines, il marcha à Donzy, poste commode pour les
» convois, mais faible. Le capitaine Bois qui y commandait l'aban-
« donna à son approche et se retira avec ses soldats à la Charité.
« De là Sansac marcha à Noyers : la garnison lui rendit la place à
« condition d'en sortir vie et bagues sauves. Mais la plupart des
« soldats malgré la capitulation furent menez à Troyes ou le peuple
« furieux les massacra inhumainement. »

1569, 14 octobre.

Arrét qui ordonne que les pièces relatives à Edme Le Breton, capitaine de Noyers, seront communiquées aux maires et echevins d'Auxerre. — Ces magistrats déclarent qu'ils ne savent rien de l'affaire et s'en rapportent au bailli d'Auxerre ou à son lieutenant et autres gens du roi. — (Lebeuf, Prise, p. 189.)

1569, 5 novembre.

Sentence du bailliage d'Auxerre en suite d'un arrét de renvoi du Parlement du 4 octobre precedent la dite sentence signée Hocquard, greffier, et portant élargissement de prison pour Edme de Bretagne, écuyer, ci devant employé au service du roi à la suite du sieur d'Aumale, gouverneur du pays de Bourgogne, qui en considération de devoir qu'il avait fait à la reprise du château de Noyers, occupé par les ennemis et rebelles, l'aurait le dit d'Aumale après la dite reprise pourvu de l'état de capitaine de la ville et chateau du dit Noyers pour y commander et le tenir en l'obéissance du Roy, mais s'y etant présenté avec sa femme et sa fille pour avoir les clefs, le maire et les échevins les lui auraient refusées voulant eux-mêmes commander en la ville qui aurait été surprise par les rebelles, et lui le dit de Bretagne se serait sauvé prisonnier en la ville d'Auxerre, où il fut detenu prisonnier, sous pretexte que la ville de Noyers était prise par sa faute. — (Arch. de Dijon, Recueil de Peincedé, t. XVII, p. 622-623.)

4 septembre 1573.

Permission accordée par M. de Sautour, seigneur d'Yrouer, gouverneur et intendant de madame la |Princesse de Condé, dame de Noyers aux habitants de Noyers, de çouvrir deux tours et murailles par eux construites sur les fondements du Belle et Bassecour du chateau, après sa destruction par ordre de Monsieur de Sansac, lieutenant du Roy pour fermer la ville ouverte de ce côté, à charge de la rendre si la dame de Noyers ou ses successeurs veulent relever les constructions détruites. — (Papiers de Bresse, Bibl. de Noyers)

1573.

On lit sur un fronton de fenêtre du château de Jouancy, près Noyers :

> L'an mil V⁰ septante et trois
> Nicolas Dangers natif de Troyes
> En commenca ce batiment
> Et a perdu mil franc

Sur la porte ou l'une des portes on lit la date de 1571.

1573.

Jean de Damas, seigneur de Pasilly, fit hommage en 1573 à Leonor Chabot pour les fiefs de Mercy, Peschey, Reullon, Sancerey, Chappes et Vianges, comme mouant de son fief et château de Mont-Saint-Jean. — (Courtépée, IV, 113.)

1576, 18 décembre.

Francoise d'Orléans, princesse douairière de Condé et d'Enghien, dame de Noyers, Vilard, Samoisi, Chateau-Chinon, Louhans, Mervans, Montcenis, Buxy et Saint-Gengoux en partie, confirme les franchises de Louhans, par acte donné en personne en la maison forte de Sainte-Croix. — (Doc. sur la bourg., Marcel Canar, p. 120.)

1579.

Visite des réparations à faire au chateau de Montbard aux fossés et clôtures de la ville de Noyers.

C'est pendant les guerres de religion, soit antérieurement, soit postérieurement à cette date, que les titres du sire du Boutet, seigneur de Censy, furent brûlés par les soldats en garnison au château de Noyers. — (Arch. de Dijon, Recueil de Peincedé.)

1585, 16 mai.

Affranchissement de Pasilly par Guillaume de Damas, écuyer, seigneur de Sanvignes et Pasilly et damoiselle Jacqueline de Chandio moyennant une taille de six écus d'or. — (Arch. de Bourgogne, Peincedé, t. XXIX, p. 335.)

1587, 11 avril.

Lettre de Francoise d'Orléans, marquise de Rothelin, veuve du Prince Louis de Condé à la duchesse de Longueville, sa belle sœur.

Elle le prie de lui envoyer une lettre pour MM. de la chambre des comptes de Chateaudun, afin qu'ils y cherchent les aveux et dénombrement des fiefs de la seigneurie de Noyers. (Datée de Paris.) — (Publiée dans le Bull. de la Soc. de l'Hist. de France, t. I, 2e partie, p. 23.)

1587, 23 avril.

« Le jeudy au soir, une heure devant nuit le capitaine La Grange d'auprès de Sautour, le capitaine Lescluse et leurs troupes eschellèrent les murailles et rompirent les serrures de la porte du pont, estant au nombre de six ou sept cents et prirent tous les habitants de Poilly au lit. » — (Bibl. nat., ms 9873.)

1587, septembre ou octobre.

« Cette armée qui tachoit de joindre celle du roi de Navarre passa la rivière d'Aube vers Montigni, et celle de Seine au dessus de Chatillon, en un village nommé Moussi. S'etant logée à Leignes et ès environs, l'ennemi fit entreprise sur 1200 reistres qui s'estoient logés en un grand village fermé, et fut prêt à planter le pétard à la porte, où on ne faisoit aucune garde. Toutesfois s'etonnant de soi-même, il se retira. »

« En ce temps et audit lieu de Leignes mourut le comte de la Mark qui avait toujours été malade depuis le retour de son voiage qu'il avoit fait pour désengager le sieur de Chatillon, ainsi qu'il a été dit ci dessus. Alors le dit sieur de Chastillon fut fait chef de l'avant garde. Cela fait, l'armée tira vers Noyers, et aiant passé la rivière de Cures au dessus de Vermanton, et celle d'Yonne au dessus de Crevant tira vers la rivière de Loire à l'endroit de Briare, où elle sejourna quelques jours. » — (Mém. de la Ligue, III, in-4°, p. 590.)

1588.

Quelques observations sur la prise de possession de domaines engagés. On a saisi et réuni Montcénis, Montbard, Noyers, Chaussin, La Perrière. — (Arch. de Dijon, Recueil de Peincedé.)

1589.

Voir pour la surprise de Girolles par les royalistes : Bulliot, Hist. de Saint-Martin-d'Autun, t. I, p. 346-347, et t. II, p. 289-290-294.

1590, 25 février jeudi.

Noyers fut pris par le capitaine Vaucharme et ses soldats. — (Bibl. imp., Ms. 9873.)

1590, 19 mars.

La garnison d'Avallon tua dix soldats qui étaient dans la tour du Pré. — (Bibl. nat., Ms. 9873.)

1590, 2 mai.

Jean Normand, bailli et Jacques Le Seurre, procureur au bailliage de Noyers sont députés par les refugiés de la dite ville à l'assemblée des Etats de Semur convoqués conformément aux lettres du roi du 6 décembre 1589.—(Portefeuille Fontette, XXXVII. — Reg. des Etats de Semur, f° 2.)

1590, 7 août.

Sainte-Vertu fut pétardé par ceux de Fontaine-Géry. — (Bibl. nat., Ms. 9873.)

1590, novembre.

Curieux détails sur les guerres de religion. — (Arch. Yonne, E. 146, col. 2.)

1590, 11 novembre.

« Sur l'advis donné que un nommé Chantepinot, echevin de la ville de Noyers est prisonnier de guerre ès mains de M. de Ragny, a esté déliberé (aux Etats de Semur) qu'il sera écrit à M. de Ragny de ne pas le délivrer avant qu'il n'ait payé les deniers dus par la ville de Noyers, à cause des impositions de MM. les eslus, sauf son recours sur le corps de la dite ville. — (Port. Fontette, XXXVI. » — Reg. des Etats de Semur, f° 21 v°.)

1591, 16 mars samedi.

« Une heure après midi, les hommes de cheval de la garnison de Noyers accompagnés d'une troupe d'arquebusiers à cheval assiegèrent Poilly du coté du pont, ont mis pied à terre, les armes à la main et gagné le bout du grand pont. » — (Bibl. nat., Ms. fr. 9873.)

1591.

Au mois d'aoust de l'année 1591, le mareschal d'Aumont, estant venu avec une armée pour mettre le siège devant Auxerre, qui tenait pour les princes, et n'ayant pu réussir, non plus qu'à se rendre maistre de la ville de Noyers, Francois de Selles, ayeul maternel de M^r le conseiller Bailly, estant pour lors maire de Noyers, escrivit une lettre à ceux d'Avallon en ces termes :

    « Messieurs,

    « Voyant les ennemis s'approcher de tous costés de cette ville,
    « joint les advis que nous avons receu que la délibération de M^r le
    « mareschal d'Aumont estoit de nous attaquer, nous avons osé
    « vous écrire ce mot pour vous importûner par prières de nous
    « vouloir assister de quatre à cinq cent livres de poudre à canon,
    « vous svppliants de nous tendre la main dans ce besoin. Et, en
    « toutes occasions qui le présenteront pour vous servir, vous nous
    « trouverez vos très affectionnés voisins, serviteurs et amis, les
    « maire et eschevins de la ville de Noyers.

          « Signé : DE SELLES, MOREAU et J. JAZV. »

    « De Noyers, le 20 aoust 1591 (1). »

Ensvite les gentilhomes voisins, qui estoient de la religion, comme Messieurs d'Argenteuil, de Moulins, de Ragny, de Francières et autres s'estants voulu saisir de la ville pour le Roy et en chasser Villeferry, qui y commandoit pour les princes, ils amenèrent quantité de troup pes de cavalerie et infanterie qui vinrent planter le pétard à une des portes de la ville qu'on appelle la porte de Venoise, lequel pétard ne fit qu'un trou dans la porte et ne réussit pas, ce qui obligea la garnison de Villeferry et les habitants de leur courre sus et en desfirent quantité, de sorte qu'on ne trouvoit par les chemins que des bras et des jambes coùppées qu'on raportoit en triomphe dans la ville. Ce fut en cette occasion là que Pierre Bailly, seigneur des arpents du Breuil, fut tué dans la sortie mesme, qui fut faite sur les ennemys. Ensvite Villeferry voyant qu'il n'etait pas en sûrté dans la ville, monta au chasteau qu'il fit réparer et y fit faire quelques logements pour luy et les siens. Puis le baron de Viteaux y vint demeurer avec sa femme et sa famille et fit achever de réparer le chasteau. — (Mss. de la Bibl. nat., Fonds fr., n° 9873, A, f° 2 r°.)

1591, 9 juin.

    « Le dimanche matin, au dernier coup de matines, jour de la

(1) L'original de cette lettre se trouve dans le portefeuille Fontette, XL, fol. 81 de la Bibl. nationale. Elle y est datée du 21 août.

Trinité, 9 de juin 1591, les pietons du chasteau de Noyers.... »
(Phrase inachevée dans le manuscrit, mais qui promettait un fait
intéressant.) — (Bibl. nat., Ms. 9873.)

1591, 24 juin.

« Noyers faillit etre pris par M. de Praslin qui prit plusieurs
meubles au moulin de Clavisy, appartenant à noble Zacharie Humbert. » — (Bibl. nat., mms n° 9873.)

1591, 24 juillet, mercredi soir.

« Noyers est pétardé par un des gensdarmes de M. de Praslin
qui passa par dessus le pont d'Annay. » — Bibl. nat., Mss.
n° 9873.)

1591, 9 août.

Les habitants de Mont-Réal contribuent par un impot à la réduction de la ville de Noyers. — (Arch. de l'Yonne.)

1591, 30 août.

Hervy est pris par le maréchal d'Aumont. — (Bibl. nat., Mss.
fr. 9873.)

1592.

« Quelques mois s'estans depuis escoulez (après le mois de mai)
le vicomte de Tavannes, lieutenant en Bourgogne du duc de
Mayenne pour les rebelles, charge qui luy avoit esté remise par
le baron de Senessey qui en estoit pourveu auparavant, voulant
faire son profit des divisions qu'avoit laissé le mareschal d'Aumont en ceste province là (où il n'avoit si bien faict qu'il fit après
à la bataille d'Ivry), commença à amasser des troupes et faire la
guerre dans le pais, ou il prit le chateau de Sommaise, proche
Flavigny, fit battre la ville de Noyers. et y donna un assaut duquel ayant été repoussé il leva le siège. Le sieur de Ragny qui y
commandoit, assisté d'autres gentilhommes de qualité, de quelque
cavalerie et gens de pied, s'y estant porté valeureusement, rendit
ce dessein inutile : et lors le sieur de Tavannes gouverneur pour
le Roy en Bourgogne assembla les forces du pays pour s'opposer
aux ennemis et faire quelque dessein sur la frontiere de l'Auxois
et de l'Autunois. Pour ce faire, il envoya une partie de sa compagnie de gendarmes, conduite par le sieur de Sirot, mareschal
des logis d'icelle, avec charge d'approcher les ennemis pour sça-
voir des nouvelles de leurs actions...... »
(Jean, vicomte de Tavannes, ligueur, était frère de Guillaume de
Saulx-Tavannes, lieutenant du roi en Bourgogne, 1574, qui se

déclara en 1589 pour Henri IV.) — (M.t..é de Guillaume de Saulx Tavannes.)

1593, avril.

10 avril. — On a nouvelles certaines que le duc de Nevers est dans l'Auxois ; il assiège Moustier-Saint-Jean.

11 avril. — « L'on tient que M. de Guise est dans la ville de Noiers et que M. le baron de Viteaux a fait fortifier le chateau. »

— M: de Nevers est devant Moustier-Saint-Jean avec deux conleuvrines. — (Bibl. nat., Ms. fr., Delamarre, 10396.)

[6]

1594.

Contribution de 31 livres payée aux gens de guerre tenant garnison à Noyers, par les gens de Commissey. — Payé 6 liv. 15 sols au sieur Paulle, gendarme de la compagnie du baron de Vitteaux, pour rachat du betail qu'il avait pris. — (Arch. Yonne E. 549.)

1594, 5 décembre.

Robert Lefoul, receveur à Avallon chargé de payer les garnisons d'Avallon.... Noyers pour les deux quartiers de juillet et d'octobre. — (Bibl. nat., Portef. Fontette, XXXVII, Reg. des Etats de Semur, fʳ 121 vᵒ.)

1594, 8 décembre.

Lettre de M. de Bellièvre au duc de Nevers, datée de Lyon.

« ....Nos ennemys se renforcent et craings que nous ne tarderons à les veoir devant ceste ville si les forces du roy seront retardées au siège de Noyers dont on nous a donné ains on pourra ici et en Daulphiné perdre plus que n'importent (sic) vingt meilleurs places que n'est la ville de Noyers... » — (Bibl. nat., Ms. Béthune, 9111, fᵒ 149.)

1594, octobre.

Vers le mois de décembre, dit M. de Bastard dans son manuscrit, l'armée royaliste vint mettre le siege devant le chateau de Noyers, mais elle le leva au bout de peu de jours appelée dans le Midi par M. de Bellièvre.

1594, 18....

L'an 1594, le 18 de... au matin, il y eut conseil tenu, chez Guenin Hinquet, au Prioré, par les maire et échevins, Le Sourdeau, Jazu, Zacharie Loreau et Germain Sotiveau, pour conclure la reduction de la ville entre les mains du Roy. Ce qui fut exécuté la nuit même du 18.... 1594. Le dit Jazu, disoit, en son opinion, qu'il fallait prendre Villeferry, qui venoit tous les jours à la messe, que lui mesme le prendroit, le meneroit chez luy et luy feroit rendre la place, le pistolet à la gorge; le sieur Sotiveau au contraire, soutenoit qu'il falloit se donner patience, parce qu'on estoit en pourparler de paix; les maire et eschevins conclurent à ce que l'affaire s'exécutast, parce que si elle estoit sceue. cela causeroit le ruyne entière de la ville, ce qui fut cause qu'on l'executa sur l'heure même. A cet effect on fut prendre ceux qui estoit en garde aux portes de la part de Villeferry et on les mena au logis du vieil procureur Le Seurre, où on dona quantité d'habitants pour les garder et ne leur fut fait aucun mal. Et, par ce moyen fut la ville remise entre les mains de M. de Francières, M. d'Argenteull et M. de Maroles, lesquels, incontinent après, avertirent M. de Ragny et M. de Vaugrenant qui vinrent à Noyers et y laissèrent garnison. — Ensuite il y eut guerre déclarée entre la ville et le chasteau, qui se battoient tous les jours. Et trois ou quatre mois après, ceux du chasteau attaquèrent la ville du coté du Berle, au dessous du chasteau, qui fermoit la ville, lequel assault fut soustenu par les dits sieurs de Ragny et de Vaugrenant et les habitants et où les femmes, mesme de condition, portaient de la terre dans quantité de gabions qu'on remplissoit sur le bord d'un fossé de grande largeur et profondeur, qu'on avait faict au pied de la muraille de Berle, en dedans de la ville, où il y avait par le bas des casemates à chacun bout qui flanquoient le long du fossé, pour la défense de la ville. Auquel assaut, M' de Ragny fut blessé au pied d'une esqville de pierre, d'un coup de canon et fut emporté au logis de Mre Pierre Normand, père du bailly Normand; Bufaut y fut aussy blessé d'un coup de pierre eut la main et une partie des bras emportées; ceux du chasteau furent tellement repoussés qu'ils ne purent entrer.

Après quoy, fut faite une trefve entre le chasteau et la ville et on alloit chez les uns et les autres, tellement que la fréquentation de ceux du chasteau à la ville gaigna quelques particuliers, comme on disoit. et entre autres le dit Moreau, maire, et un nommé Jean Goterin et Lecuré, marchand, et un cordelier, qui deservoit à Noyers comme vicaire, en sorte que la veille de la Pentecôtte (7 juin) 1595, la dite ville fut remise ès mains du baron de Viteaux et de Villeferry où les habituns ne purent bailler de défenses, à cause que la cloche du guet avoit esté arrestée et qu'on ne peut soner le tocsin. Aucuns des habitants, qui coururent à la porte du pont, y furent tués, particulièrement le nommé Buffaut, duquel il a esté parlé cy devant, Pierre l'Admiral, controlleur, un nommé Jean Catin et autres; Jacques Mignard y fut blessé à la main, se sauva et se précipita dans le fossé. L'intelligence de ceux de la ville avec ceux du chasteau se remarque en ce que la cloche, avec laquelle on sonoit le guet, se trouva accrochée lorsqu'on voulut soner le tocsin et la porte par laquelle on alloit pour abattre la grille, qui est entre les deux portes du pont, se trouva fermée et la serrure emmeslée, ce qui avoit esté fait à dessein et par trahison de la part de ceux de la ville. La veille de la Pentecoste, sur les cinq heures du matin, l'eau bénite se fit et les soldats du chasteau coururent au prey de l'echelle, ce qui obligea une femme de la ville d'advertir le maire qu'il prit garde à luy, et que les soldats du chasteau estoient dès le matin au prey de l'eschelle, de quoy il se moqua, parce qu'il estoit un bon home, qui n'estoit nullement propre à gouverner la ville, et comme pendant le dit temps, ceux du chasteau avec ceux de la ville, quelques soldats du chasteau faisant semblant d'aller boire aux faulbourgs, chez un nommé Jean Thomas, qui vendoit vin à la fontaine, ils se présentèrent à la porte du prey de l'eschelle, habillés de casaques de toiles, sous lesquelles il y avait des pistolets et des poignards, et ayant demandé à ceux qui estoient à la porte de passer, pour aller boire dans le fauxbourg, en passant ils poignardèrent ceux qui estoient en garde, entre lesquels se trouva le sieur l'Admiral. Après quoi, ils se rendirent maistres de la seconde porte, estants soustenus par quelques compaignies de gens de pied et la garnison d'Avalon et des lieux circonvoysins, qui estoient au baron de Viteaux et à Villeferry, qui y estoit en persone, ils pillerent la ville et firent prisonniers quelques-uns des principaux qu'ils emmenèrent au chasteau.

Le seigneur Jean Espagnol qui estoit avec le sieur de Gand, gentilhomme du pays, amy du baron de Viteaux, ayant esté soupsoné et accusé par le dit sieur de Gand d'avoir voulu livrer au Roy le chasteau de Noyers, il fut fait prisonnier dans Sacy par Villeferry et mené au chasteau, où il fut enfermé dans un cachot, dans lequel il ne pouvoit se coucher ny se tenir debout et y fut fort mal traicté; c'estoit un très vaillant home. — (Mss. de la Bibl. nat., Fonds français, n° 9873 A, f° 1 r° à 2 r°.)

1594-1598.

REGISTRE DES ÉTATS DE BOURGOGNE TENUS A SEMUR. — (Liv. Ier.)

(États pour ainsi dire permanents.)

Du mercredi 29 juin 1594, à Semur. — (Fol. 102 v°.)

« ...Les eleuz desdictz Etatz ont déliberé que M. de Tavanes sera supplié, pour le soulagement du peuple de retrancher le nombre des garnisons, de commander à celle qui seront retranchées, aux autres qui demeureront employées en l'estat, aux gentilzhommes et gens de guerre de la province de l'aller trouver et les tenir en corps d'armée en la campagne, degager Noyers et entreprendre sur les places des ennemys suivant son propos du 9e de mars dernier (joint que plusieurs places rebelles ne désirent rien plus que d'estre favorisées de secours, pour secouer le joug de la tirannie... »

Du vendredi 1er juillet 1594, à Semur. — (Fol. 105 ro.)

« Veu la requeste des habitans de Chemilly, Annay. Arton, Molay, Joux-le-Chastel et Perriguy, à ce que l'on ayt à faire cesser la levée des sommes à eulx demandées par billetz signez par Claude de Roy de Noyers, veu les dicts billetz, certiffication de Me Richard Millotet receveur general des finances en ce pays qu'il n'a donné aulcune commission audict de Roy ny à aucun dudict Noyers, et ouy sur ce le conseil desdicts estatz, lesdicts eleuz ont faict et font très expresses deffences audict de Roy, gens de guerre et habitans du dict Noyers de contraindre les dicts habitans au paiement des sommes portées par les dicts billetz ou aultres, à peine d'estre punis comme de crime de concussion, ordonnent suivant la volonté du Roy et arrestz de la cour que les prisonniers, bétail et meubles arrestez pour avoir ledict paiement seront mis en liberté et rendus sans aulcun fraiz payer, et au sieur sindic dudict pays de se pourvoir à la cour contre ledict de Roy pour la punition du crime par luy commis en l'escripture et signature desdicts billets et condamnation en son propre nom ès despens, dommages et interestz desdicts habitans avec restitution des choses qu'ilz pourroient avoir payé. »

Du dimanche 3 juillet 1594, à Semur. — (Fol. 106 vo.)

....Veu l'estat dressé par M. de Tavanes, etc., de la garnison establie à Noyers pour le quartier passé et le courant, auquel le Me de camp Espiard est emploié avec cent unze (sic) de guerre à pied françois soulz sa charge et du cappitaine Montchauveau; Requeste des habitans dudict Noyers à ce que fond soit faict pour le paiement desdicts gens de guerre, et le remboursement de ce qu'ilz ont frayé pour leur entretenement despuis leur submission de fidélité au roy, les Eleus desdicts Estatz ont deliberé et arresté que M. de Tavanes sera supplié ordonner que lesdicts cent XI hommes de guerre feront partie des IIc X dont le regiment dudict sieur Espyard doibt estre complet, et qu'ilz seront payez des premiers deniers provenans des cottes du bailliage de Noyers des deux escus qui se levent sur chacun minot de sel, qui se vend au grenier dudict lieu, et le surplus sur les deniers de mesme nature du grenier ou des tailles d'Auxerre.... et pour le regard du remboursement requis par les dicts habitans, il y sera pourveu; et ce pendant dès à present il est ordonné au sindicq dudict pays de prendre soigneusement garde ès comptes de Me Edme de Lagrange

et Robert Lefoul que en leurs despences les soldes desdicts gens
de guerre ne soient emploiées, pour le temps que ledict rembourcement sera faict, affin que doublement ilz ne preignent lesdictes
soldès....

Du lundy 4e juillet 1594 à Semur. — (Fol. 107 r°.)

....Veu la requeste des habitans de Noyers à ce qui, en consi-
deration de ce que, sans apprehension des perilz qui les environ-
noient, ilz se sont de leurs volontés soubmis en l'obeissance du
Roy des grandes foulles qu'ilz reçoivent par le moyen du chasteau
qui est encores à present occupé par les eunemys, les cottes esquelles ilz ont esté imposez pour les quartiers de janvier et apvril
derniers soient moderez, et pourveu sur le rembourcement des
fraiz qu'ilz ont faict en la nourriture des trouppes venues au secours de la dicte ville, ès mois de may et juin derniers; les cayers
des departemens faictz esdictz quartiers, et ouy le Conseil dudict
pays; les Eleuz desdictz Etatz ont moderé la cotte desdicts habitans
pour ledict quartier de janvier à la somme de CX. l. T. pour ce
que est du taillon et fraiz extraordinaires de la guerre, et à dix
escus pour les charges dudict pays et entretenement des prevostz
des mareschaux; et pour ce qui est dudict quartier d'avril à la
somme de VIxx l. t. tant pour ledict taillon, frais extraordinaires
de la guerre, entretenement desdicts prevostz des mareschaux que
affaires dudict pays, toutes lesquelles sommes revenans ensemble
à IIc l l. t., ensemble la somme de Vc. l. t. à laquelle a esté arresté
ce dont lesdicts habitans sont debteurs pour le paiement du taillon
et entretenement des Prevostz des Mareschaulx pour les années
mil Vc. IIIIxx.IX, IIIIxx.X, IIIIxx.XI, IIIIxx.XII et IIIIxx.XIII, les
desductions ordonnées par les lectres patentes obtenues du Roy
par lesdicts habitans, le xviie dudict mois de may faictes demeu-
rent affectées au paiement de ce que lesdicts habitans ont advancé
de leurs deniers pour l'entretenement desdictes trouppes despuis
a submission de ladicte ville de Noyers en l'obeissance de Sa
Majesté, selou qu'ilz en justiffieront par certiffication des chefs
desdictes trouppes ou quictances....

Du mardi 22 novembre 1594, à Semur. — (Fol. 115 v°.)

« Le sieur Le Gay Me des Requestes de l'Hostel du Roy a faict
entendre la composition faicte par le Roy soubz sa negotiation pour
la reduction du chasteau de Noyers, moyennant la somme de
XXm l. t.., consignant laquelle en main tierce, le baron de Viteaux
doibt sortir dudict chasteau et le remettre en l'obeissance de Sa
Majesté, ce que doibt estre suivy de chose plus avantageuse au
bien des affaires de Sa dicte Majesté; les lettres patentes de laquelle et autre de son cachet contenant mandement de faire impost

desdicts XX^m l. t., il a presenté et requis y estre proceddé sans aulcune dilation, ny le forcer à communiquer les articles par escript de sa negotiation, ains l'en dispencer, luy estant commandé de les tenir secretz, mais seullement satisfaire à la volonté du Roy qui desire extrememeut ladicte reduction pour l'apparence qu'il y a que le duc de Mayenne ne s'establisse audict chasteau, et le fortiffiant selon les desseins qu'il en a, n'en face la guerre tant en ce pays que ès provinces voisines, et partant se roidisse de tant à violenter Sa Majesté de luy accorder des conditions advantageuses, au lieu de la peine que justement sa desloyauté et felonnie ont merité, a esté dict en oultre avoir assés representé au Conseil l'apparence qu'il y a que lesdictes provinces voisines, participans au bien de ladicte reduction, debvoient contribuer au payement du prix d'icelle ; à quoy toutesfois en a bien esgard, ains a esté arresté que ladicte somme de XX^u l. t. seroit entierement levée en ce pays, lesdictes provinces voisines ayant payé les fraiz des reductions faictes des places en icelles. Sur quoy, veu lesdictes lectres et ouy le conseil dudict pays, les eleuz desdicts Estalz ont déliberé que ceste prevince fournira seullement pour l'effect de la susdicte composition la somme de XII^m l. t., que l'impost pour ce necessaire sera faict à raison de XIII solz par feug, pour fournir au supplement des deniers de on vailleur et fraiz de la recepte ; et ce pendant que l'on supplira M. de Tavanes d'accorder cessation d'armes avec le dict baron de Viteaux pour trois mois, dans lequel les dicts XII^u l. t. seront payez.

Lesdictz Eleuz ont protesté que le susdict impost soit faict sans tirer a consequence ny prejudicier aux immunitez du pays de recouvrer ladicte somme sur ceulx ayans favorisé le restablissement de la forteresse dudict chasteau, quelz qu'ilz soient, et que le Roy ny le pays ne soient tenus à la garde d'icelle, ains le seigneur et les retrayans.

Sera Mr de Tavanes supplié mander au sieur de Loze de cesser les impostz qu'il faict au bailliage de Noyers, et sortir de Villers la Grange, et à ce mesme subject luy sera escript de la part desdicts eleuz. » (p. 118 r°.)

Vendredy xxve novembre 1594 à Semur. — (Fol. 118 r°.)

« A esté commancé de procedder à l'impost pour la composition de la reduction de Noyers. »

Samedi 3 decembre 1594 à Semur. — (Fol. 119 r°.)

« M^r d'Ogny est arrivé qui a dict avoir veu le baron de Viteaux et discouru avec luy de la composition de Noyers, pour l'advancement de l'effect de laquelle il a dict luy avoir offert de la part du pays la maison et terre de Posanges pour la somme de X^m liv., le propriétaire d'icelle maison en estant d'accord, pourveu que l'on pourvoye à son indemnité, la quelle condition ledict baron de Viteaux n'a voulu accepter, ayant offert prendre ladicte maison et terre pour VIII^m l. seullement. »

Mardi 4 avril 1595. — (Fol. 126 r°.)

« Affin d'advancer la demolition du chateau de Noyers, sera enjoinct aux receveurs de l'impost faict pour la composition dudict lieu, de travailler incessamment au recouvrement des deniers dudict impost. »

Jeudi 20 juillet, à Dijon. — (Fol. 132 v°.)

« Affin d'advancer la reduction en l'obeissance du Roy de Noyers, a esté deliberé que le sieur de Posanges sera recherché pour vendre au pays sa terre dudict Posanges, affin de la donner en paiement au sieur baron de Viteaux, commandant audict Noyers sur le pris de la composition faicte pour ladicte reduction, auquel sieur de Posanges seront données en assignation de la somme à laquelle sera traicté avec luy les deniers imposez pour icelle reduction jusques à la concurrence de son paiement. »

Mardi 8 août 1695 à Dijon. — (Fol. 136 r°.)

« M. Fremiot conseiller du Roy en ses conseilz et president son parlement audict Dijon ayant demandé entrée pour faire entendre chose qu'il a dict avoir à remonstrer concernans le service du Roy, et luy ayant esté donnée avec la place accoustumée estre donnée aux personnes de sa qualité, a dict que dez long temps on auroit traicté avec le sieur baron de Viteaux pour la reduction du chasteau de Noyers en l'obeissance du Roy, et à icelluy promis la somme de vingt mil escus, laquelle par lettres patentes de Sa Majesté debvoit estre imposée sur le pays; toutes fois sur remonstrance des Eleuz, il auroit esté deschargé de la somme de huict mil escus delaissée à la charge des elections de Tonnerre, Vezelay et autres voizines dudict Noyers, et le surplus montant à douze mil escus auroit esté departye par lesdicts sieurs Eleuz, dont peu de chose auroit esté receue et encores moindre payée audict sieur de Viteaux, qui en prenoit mescontentement, ce que l'on debvoit craindre et apprehendur, affin qu'il ne se porta à des nouveaux remuemens; avoit ce que dessus representé (à) M. le Chancelier et à noz seigneurs du Conseil d'Estat, pour y pourveoir, qui n'auroient peu sinon exciter l'impost desdicts huict mil escus sur lesdites elections, remettant le surplus au soin desdicts sieurs Eleuz; pour ces considerations a exhorté les dicts sieurs Eleuz à chercher les moyens de contenter ledict sieur de Viteaux, et leurs

a faict ouverture de pour ce subject traicter avec le sieur de Par-
dessus de la terre de Marcilly soulz Viteaux et luy donner assurance, offrant de sa part s'establir caution de ce que luy sera
promis, avec lesdicts sieurs Eleuz qui scauront remedier au des-
dommagement commun, pour, le dict traicté faict, transporter la
dicte terre audict sieur de Viteaux en desduction de ce que luy est
deub, ou luy fournir six mil escus contant, et par l'un ou l'autre
de ses moyens on l'obligera de telle sorte qu'il ne pourra plus se
resillir de ses promesses. »

24 aout 1595 à Dijon. — (Fol. 136 v°.)

On decide que Richard Millotet, receveur general de Bourgogne,
remettra ses quittances et blancs seings à Zacharie Piget tresorier
provincial de l'extraordinaire des guerres pour recevoir des receveurs particuliers establis à Semur, Saulieu, Avalon, Flavigny,
Auxerre et autres ou ledit Piget pourra cheminer commode les
deniers de l'impot fait pour la reduction du chateau de Noyers, et
estre par ledict Piget payez et delivrez audict sieur de Viteaux ;
et ce pour eviter le mal qui pourrait arriver du manquement à la
promesse faite par le Roi audit baron de Viteaux.

29 aout 1595 à Dijon. — (Fol. 136 v°.)

L'assemblée revient sur la precedente deliberation en ce qui
concerne Zach. Piget, et le remplace par Jean Le Gros scindic des
Etats.

17 octobre 1595, à Dijon. — (Fol. 139 v°.)

On delibere de supplier le marechal de Biron de faire vider
hors la province les regiments de gens de pied sous la charge du
vicomte de Tavanes, baron de Viteaux et baron de Bazolles. (Ce
qui ferait penser qu'à cette date Viteaux avait reçu ses 20,000
écus.)

Vendredi 1er mars 1596. — (Fol. 154 r°.)

Le sieur Richard Millotet recoit l'ordre de délivrer au receveur
et payeur de l'écurie du Roi la somme de 400 livres des deniers
reservés tant pour les affaires du pays que affectez à la composition de Noyers, et promis au baron de Viteaux.

22 novembre 1596. — (Fol. 164 r°.)

« Il est dict que pour advancer le recouvrement des deniers de
l'impost pour la reduction du chasteau de Noyers, M° Jean Le Gros
fera contraindre tous ceulx qui ont esté commis à la recepte desdicts deniers au paiement des sommes portées par leurs cayers aux

fraiz desdicts receveurs, et à cest effect obtiendra contre chacun d'eulx et la chambre des comptes executoire par corps, et fera toutes dilligences necessaires.

1er avril 1598. — (Fol. 170 v°.)

A été delibéré de supplier le maréchal de Biron de reduire les garnisons etablies par lettres patentes du Roi à Viteaux et Noyers, comme il a déjà reduit celles des autres places de Bourgogne.

Mercredi 15 avril 1598. — (Fol. 171 v°.)

M. Du Gay, maistre des Requestes de l'hostel du Roy ayant eu entrée et seance au hault bureau, a presenté lettres de Sa Majesté soubz le cachet secret d'icelles addressées aux eleuz desdicts estatz, lesquelles il a dit concerner le faict de la composition de Noyers et requis estre pourveu sur la dicte composition, suivant la volonté de Sa Majesté, sur quoy, pour l'absence de M. Fremyot president en la chambre des comptes, l'un des deputez d'icelle, a esté differée l'ouverture d'icelle lettre. — (Il n'en est plus question Le manuscrit ne va pas plus loin que le 14 août 1598.)

Le 16 avril 1598. — (Fol. 172 r°.)

M. de Champeron gentilhomme ordinaire de la Chambre du Roy étant venu en l'assemblée relativement au moyen de faire sortir le capitaine La Fortune de Seurre et mettre fin à ses courses desastreuses. — Le sieur Fremyot dans sa réponse fait un tableau tres sombre de l'état de la province ruinée par la guerre, la peste et la famine, et demande la diminution des garnisons, et d'avancer un quartier de leur solde. La necessité est telle que depuis 2 ans elle n'a pu fournir 8000 livres pour les démolitions de Tallant et de Noyers desirées avec impatience d'un chacun par le sentiment des incommoditez que ces deux places ont apporté. Et demande à ce qu'elle (la province) soit exempte de contribuer aux frais de la composition de Seurre. — (Bibl. nat., Moreau, 804, f° 130 v°. — Portef. Fontette, XXXVII.)

1594 — 1602 — 1619 — 1622 — 1632 — 1650.

Reparations des fortifications de Noyers, pour lesquelles on prelève tantot le 8e du vin vendu et 20 deniers par minot de sel. — (Arch. de Dijon, Recueil de Peincedé.)

1599, 8 mars.

« Le chasteau de Noyers est démoli par ordre de Henri IV, ainsi que plusieurs autres forteresses que tenoit la Ligue. » — (Bibl, nat., Mss. fr., 9873.)

Noyers.

Indications de documents : Cabinet historique, t. II. — Catalogue, p. 58-60. — Doc., t. I, p. 158.

Pièces relatives aux réformés de la ville de Tonnerre et environs. — (Arch. nat., O³ 674-700.)

1598, novembre.

Ordre du roy d'imposer les deniers promis au baron de Vitteaux pour la capitulation de Noyers, 8000 écus pour la reddition de la place ès mains du duc de Biron, gouverneur de Bourgogne, — déclare que la place sera rasée et desmolie entièrement suivant volonté de Sa Majesté. 15 novembre 1598. — (Arch. Bourg., C. 3073.)

1595-1599.

Registre douzième des Decrets des Etats et des deliberations des Elus royalistes arrivés à Semur et ayant remplacé ceux de la Ligue.

Mesmes pour payer promptement au baron de Vitteaux les deniers de la composition de Noyers. (Fol. 7.)

Remontrances faites au marquis de Mirebean, élu de la noblesse, en ce moment à Tanlay, des inconvenients qui peuvent naître des retards qu'il met à rejoindre ses collègues à Paris. (Fol. 96.) — (Arch. Bourg., C. 3073.)

mars 1603.

Les esleus des Estats du duché de Bourgogne et pays adjacents ayant veu la resqueste de messire Francois de la Magdelayne chevalier des ordres du Roy, marquis de Ragny, à ce qu'il soit paié de la somme de quinze cents escus à luy ordonnés par arrest du conseil du Roy du vingt troisième septembre mil six cent ung, à cause des frais par luy faits pour le service de sa majesté en la ville de Noyers par la conservation d'icelle, contre ceux du chasteau d'icelle ville qui tenaient le party contraire, durant les troubles, le dit arrest contenant que le dit sieur de Ragny sera paié de la dite somme de 4500 livres sur les deniers qui seront levés aux païs, et à cet effet que la dicte partie sera adjoutée aux dettes du dit pays. Ont deliberé que le dit sieur de Ragny sera paié de la dicte somme de 2000 liv. sur les deniers de l'imposition de l'acquittement des dettes du dit pays en deduction des dits 4500 liv. et du surplus l'année prochaine. — (Arch. Côte-d'Or, Reg. des deliberations, B. 3075, fᵒ 79.)